Die

Haftpflicht der Genossen

und das

Umlageverfahren.

Von

Ludolf Parisius.

Entgegnung auf die unter gleichem Titel erschienene Schrift
des Herrn Prof. Dr. Goldschmidt.

Abdruck aus: „Blätter für Genossenschaftswesen“ 1888.

Berlin und Leipzig.
Verlag von J. Guttentag
(D. Collin).
1889.

Die Haftpflicht der Genossen und das Umlageverfahren.

1.

So lautet der Titel einer am 1. November 1888 in Druck gegebenen Schrift des Professor **Dr. Goldschmidt**, welche eine Beilage der Petition der Herren E. Morgenstern, C. J. Matthies, Franz Werner und Genossen an den deutschen Reichstag betreffend den Entwurf des neuen deutschen Genossenschaftsgesetzes bildet.

Die Schrift des ausgezeichneten Rechtslehrers verdient allgemeine Aufmerksamkeit, bei den Juristen sowohl, wie bei den praktischen Genossenschaftern, und wird sie gewiß auch bei den Reichstagsmitgliedern finden. Ihre Auseinandersetzungen sind lehrreich und förderlich für unser Gesellschaftsrecht. Der praktische Zweck derselben ist die Unterstützung jener Petition, die mit der Bitte an den Reichstag endet, den Genossenschaftsgesetzentwurf dahin abzuändern,

„daß der Einzelangriff der Gläubiger gegen die Genossen beseitigt, die ausgeschiedenen noch haftbaren Mitglieder zum Nachschußverfahren für die zur Zeit ihres Austritts schon vorhandenen Verbindlichkeiten herangezogen werden."

Dem praktischen Zweck entsprechend behandelt Goldschmidt nach einem einleitenden Abschnitte von 5 Seiten den Einzelangriff der Genossenschaftsgläubiger auf 19 Seiten und die Heranziehung ausgeschiedener Genossen zum Umlageverfahren auf 12 Seiten.

Gerade jener praktische Zweck veranlaßt mich zu einer Entgegnung auf mehrere Ausführungen des Verfassers. Diese wird mir erleichtert durch einige allgemeine Sätze der Einleitung. Goldschmidt bemerkt (Seite 4), meines Erachtens mit Recht, die beiden Fragen — die Statthaftigkeit des Einzelangriffs von Genossenschaftsgläubigern gegen die noch haftenden Genossen und die Betheiligung ausgeschiedener, aber den Genossenschaftsgläubigern noch haftender Genossen am Umlageverfahren — stünden zwar in einem gewissen Zusammenhang, aber derselbe sei nicht ein logisch nothweniger; man könne die eine verneinen und die andere bejahen.

Er fährt dann wörtlich fort:

„Für die Entscheidung beider Fragen sind, da es sich um eine durchgreifend reformirende, zum erheblichen Theil ganz neues Recht schaffende Gesetzgebung handelt, in erster Linie Erwägungen **der Zweckmäßigkeit oder wirthschaftlichen** Nothwendigkeit maßgebend; die sogen. „juristische Konsequenz“, wenngleich sicherlich zu erstreben, und die Anforderungen sog. „juristischer Konstruktion“ stehen dabei überall in zweiter Linie. Sogar für das einzelne Gesetz ist aus Zweckmäßigkeitsgründen eine Abweichung von den leitenden Prinzipien dieses Gesetzes unter Umständen geboten. Noch weniger schwer würde eine Abweichung einzelner, ja vieler Bestimmungen dieses Gesetzes von sog. „allgemeinen juristischen Prinzipien“ wiegen . . .“

Er führt dies noch weiter in trefflicher Begründung aus, die ich Jedermann, der sich um Gesetzgebungs-Fragen kümmert, dringend empfehlen möchte. Aber bei Anwendung dieser Sätze — bei den Erwägungen der Zweckmäßigkeit oder wirthschaftlichen Nothwendigkeit, bei der Prüfung der Vorgänge, wie sie sich im Konkurse einer Genossenschaft nach den in Frage stehenden Bestimmungen des Gesetzentwurfes abspielen würden, gerade hierbei irrt sich, meine ich, der Verfasser mehrfach in so erheblichem Maße, daß mir nach Korrektur dieser Irrthümer die Erwägungen der Zweckmäßigkeit zu dem entgegengesetzten Ergebniß führen zu müssen scheinen.

2.

Goldschmidt's Auseinandersetzungen über die Geschichte der Frage des Einzelangriffs und seine Darstellung der Fehler der jetzigen Bestimmungen geben mir zu keinen Bemerkungen Anlaß. Von dem Gesetzentwurf erkennt er an (Seite 14), daß das Umlageverfahren in geeigneter Weise geordnet sei und jetzt dafür gesorgt werde, daß „die mindestens theilweise Befriedigung der Gläubiger in einem früheren Stadium des Konkursverfahrens erfolgt, später eintretende Zahlungsunfähigkeit einzelner Genossen somit in der Regel die Befriedigung der Gläubiger nicht verhindern wird, und die zum Einzelangriff noch verstaktete Ausfallsforderung (Entwurf § 22, 110, 121) in der Regel einen nicht allzu erheblichen Bruchtheil der ursprünglichen Genossenschaftsschuld beträgt; endlich daß, so weit (noch in der Genossenschaft stehende) Genossen dem Einzelangriff unterliegen, sie hinsichtlich des Gezahlten den Rückgriff gegen die Genossenschaft haben. (Entwurf § 112, S. 200.)"

Nachdem Goldschmidt so die Vorzüge des neuen Entwurfs dargestellt, geht er zur Veranschaulichung der praktischen Wirkungen des Systems über — und hierbei treten die bereits erwähnten Irrthümer zu Tage. Ich muß die folgenden Absätze wörtlich mittheilen:

„Um die **praktischen Wirkungen** dieses Systems, dessen sorgfältig ausgearbeitete Einzelheiten (Entw. § 85—106) als bekannt vorausgesetzt werden dürfen, zu veranschaulichen, sei der Fall gesetzt, daß zur Zeit der Konkurseröffnung das bilanzmäßige Aktivvermögen der Genossenschaft 500 000 ℳ, dagegen die bilanzmäßige Genossenschaftsschuld 1 Million Mk. beträgt und daß — **ein sehr günstiger Fall** — die fehlenden 500 000 ℳ oder, wie sich bei berichtigter Bilanz ergiebt, 550 000 ℳ im Wege des **vorläufigen Umlageverfahrens** (sog. „Vorschußverfahrens" §§ 95—101 bezw. 102) bis **auf 300 000** ℳ beigetrieben sind, endlich daß von diesem Fehlbetrage weitere 100 000 ℳ alsbald **oder doch bis zum Ablauf der zweimonatlichen Frist** (§ 110) in dem definitiven Umlageverfahren (sog. „Nachschußverfahren" §§ 103, 104) eingezahlt worden sind. Es bleiben somit **200 000** ℳ, welche mit Ablauf der der öffentlichen Aufstellung der Nachschußberechnung folgenden zweimonatlichen Frist (§ 110) die Gläubiger gegen jeden einzelnen Genossen beliebig in voller Höhe einklagen dürfen. Und zwar auch gegen diejenigen, gegen welche hinsichtlich ihrer im Vorschuß- oder Nachschußverfahren festgestellten Repartitionsquote die Zwangsvollstreckung seitens der Genossenschaft bereits schwebt (s. auch Motive S. 197), ja sogar gegen diejenigen, welche freiwillig oder zwangsweise den ganzen auf sie fallenden Antheil an der im Vorschuß- und Nachschußverfahren ausgeschriebenen Umlage gezahlt haben.

Und da selbstverständlich die redlichsten oder doch solventesten Genossen am ehesten dieser Pflicht genügt haben, so sind gerade sie dem ruinösen Einzelangriff der Gläubiger — immer noch in Höhe von 200 000 ℳ am ehesten ausgesetzt."

Schon bei dem flüchtigen Durchlesen dieser ersten Sätze (auf spätere komme ich nachher), durch welche Goldschmidt die praktischen Wirkungen des Systems veranschaulichen will, wird ein praktischer Genossenschafter, der den Entwurf und seine Motive bis in die kleinsten Einzelheiten kennt, wahrscheinlich bemerken, daß Goldschmidt in der That sich irrt. Ist nach der durch den Konkursverwalter berichtigten Bilanz ein Fehlbetrag von 550 000 ℳ im „Vorschußverfahren“ beizutreiben, so ist es nicht möglich, daß zunächst bis zum beendeten Vorschußverfahren nur 250 000 ℳ beigetrieben werden. Das „Vorschußverfahren“ ist nicht beendet, bis nicht die ganzen 550 000 ℳ — soweit es nöthig, durch Zwangsvollstreckung (§ 98) — beigetrieben sind; waren die Beiträge nicht zu erlangen, so ist nach § 102 die Zusatzberechnung aufzustellen. Es werden darin die ausgefallenen Beiträge auf die übrigen Genossen vertheilt; mit dieser „Zusatzberechnung“ ist genau ebenso zu verfahren, wie mit der Hauptberechnung, d. h. sobald sie vollstreckbar erklärt ist, hat der Konkursverwalter **ohne Verzug** die Beiträge einzuziehen, wiederum soweit erforderlich durch Zwangsvollstreckung. Wenn dann nochmal Ausfälle bleiben, so kommt die zweite Zusatzberechnung an die Reihe, und wenn es sein muß, auch die dritte. Daß mehrere Zusatzberechnungen stattfinden können, ergiebt der Wortlaut des § 102, auch ist in der Begründnng ausdrücklich darauf hingewiesen.*) Erst wenn der ganze bilanzmäßige Fehlbetrag beisammen — oder aber alle Genossen zahlungsunfähig sind, ist das „vorläufige Umlageverfahren“ oder das „Vorschußverfahren“ beendet. Anscheinend hat Goldschmidt den Inhalt des § 102 ganz übersehen.

Wie sehr Goldschmidt's Auseinandersetzungen über die praktischen Wirkungen des neuen Systems des Entwurfs von diesem Irrthum beherrscht werden, ergiebt sich daraus, daß er in jener wörtlich mitgetheilten Stelle den überhaupt nicht möglichen Fall, daß von 550 000 ℳ Fehlbetrag der vom Konkursverwalter berichtigten Bilanz auf das Vorschußverfahren nur 250 000 ℳ eingehen, **einen sehr günstigen** nennt. In dem weiteren Verlauf seiner Erörterungen schildert er die Ge-

---

*) § 102 (jetzt 103) lautet: „Soweit von einzelnen Genossen Beiträge nicht zu erlangen sind oder in Gemäßheit des auf eine Anfechtungsklage ergehenden Urtheils oder aus anderen Gründen die Berechnung abzuändern ist, hat der Konkursverwalter eine Zusatzberechnung aufzustellen. Rücksichtlich derselben kommen die Vorschriften in §§ 95 bis 101 (jetzt §§ 96 bis 102) in Anwendung.“ In der Begründung zu § 103 (jetzt 104) heißt es: „Soweit erforderlich, sind weitere Zusatzberechnungen in Gemäßheit des § 102 aufzustellen.“

fahren des Einzelangriffs an demselben Zahlenbeispiel (S. 17) folgendermaßen:

„Wenn, um bei unserem früheren Beispiel zu bleiben, die Tilgung der Genossenschaftsschulden aus den Mitteln des Genossenschaftsvermögens und demnächst weiter im **Vorschuß- und Nachschußverfahren** bis auf **200 000 ℳ** erfolgt ist, und zwar derart, daß von **500** Mitgliedern **400** ihrer Vorschuß- und Nachschußpflicht vollkommen Genüge geleistet haben, dagegen noch 100 Mitglieder ganz oder theilweise im Rückstande sind, so wissen jene 400 in der Regel gar nicht und können in der Regel gar nicht wissen, ob innerhalb der zweimonatlichen Frist die noch im Rückstande befindlichen Genossen ihrer Pflicht genügt haben. Noch weniger sind sie . . . in der Lage, auf die mögliche und lediglich in den Händen des Konkursverwalters, Gläubigerausschusses, Konkursgerichtes liegende Beitreibung der noch fehlenden 200 000 ℳ rechtzeitig einzuwirken".

Abgesehen von dem irrthümlichen Zusammenwerfen vom Vorschuß- und Nachschußverfahren stimmt auch sonst Goldschmidts Berechnung nicht. Zu decken war ein Fehlbetrag von 550 000 ℳ bei 1 050 000 ℳ Schulden. Hätten 400 von 500 Mitgliedern dasjenige nur bezahlt, was sie im Vorschußverfahren auf Grund der ersten Vorschußberechnung zu zahlen hatten, so waren von den 550 000 ℳ bereits 1100 × 400 = 440 000 ℳ berichtigt, so daß auf Grund der Zusatzberechnung im Vorschußverfahren nur noch 110 000 ℳ beizutreiben blieben — dabei sind noch nicht berücksichtigt diejenigen von den 100 Genossen, die nach Goldschmidt nur theilweise im Rückstande waren. Waren von diesen 100 Genossen 50 ganz und 50 mit der Hälfte ihres Beitrags, also mit 550 ℳ im Rückstande, so minderte sich der Rest auf 110 000 — 550 × 50 = 110 000 — 27500 = 82 500 ℳ.

Aber abgesehen von dieser irrthümlichen Berechnung gelangt Goldschmidt nur in Folge irrthümlicher Schätzung der praktischen Wirkung des Verfahrens zu dem Ausspruch, es sei schwer begreiflich, daß die **ungeheure Gefahr** der einzelnen Genossen sogar in Genossenschaftskreisen übersehen werden könne.

Seine Ueberschätzung der Gefahr der einzelnen Genossen zeigt sich auch in Unterschätzung der wohlthätigen Wirkung des § 112 (jetzt 113), der dahin lautet:

„Soweit Genossen in Gemäßheit des § 110 (d. h. in Folge des Einzelangriffs) Konkursgläubiger befriedigen, treten sie in die Rechte der letzteren gegen die Genossenschaft ein."

Ohne Rücksicht auf Goldschmidts zweifellos irrthümliche Auffassung des Hergangs will ich das von ihm aufgestellte Beispiel noch weiter zu einem ausnahmsweise unglücklichen Falle ausbilden, um daran die schlimmsten praktischen Wirkungen des künftigen Gesetzes zu veranschaulichen.

Bei 500 Genossen zeigt die Bilanz bei der Auflösung nach Abschreibung der Geschäftsantheile und der Reserve 500 000 Mk. Aktiva und 1 000 000 Mk. Passiva. Daß des Konkursverwalters Bilanz in der Regel die Aktiva niedriger schätzt, und den Fehlbetrag höher, nimmt auch Goldschmidt in seinem Beispiele an. Ich folge ihm darin. Der Fehlbetrag wächst somit in des Konkursverwalters „Vorschußberechnung" (§ 98) auf 550 000 ℳ.

Die Feststellung (§ 97) erfolgt demgemäß. Die Berechnung wird für vollstreckbar erklärt, und der Verwalter zieht von Jedem der 500 Genossen 1100 ℳ Vorschuß ein, so weit nötig durch Zwangsvollstreckung (§ 98). Von den 500 Genossen zahlen 400 voll, also 440 000 Mk. 50 können durchschnittlich nur 550 aufbringen, also 27 500 Mk. Die letzten 50 sind ganz zahlungsunfähig. Es bleiben daher 82 500 ℳ in der ersten Zusatzberechnung (§ 102) auf 400 zu vertheilen, für jeden 206,25 ℳ. Setzen wir den Fall, daß hierbei noch 40 ganz ausfallen, so sind mit Hilfe der zweiten Zusatzberechnung noch 8250 auf die zahlungsfähig gebliebenen 360 zu vertheilen, — macht auf den Kopf 20 ℳ. 13 $^{8}/_{9}$ ₰. Nunmehr haben gezahlt

a) von 360 Genossen jeder 1100 ℳ + 206 ℳ 25 ₰ + 20 ℳ 13 $^{8}/_{9}$ ₰ = 1326 ℳ 38 $^{8}/_{9}$ ₰, zusammen aber 396 000 ℳ + 74 250 + 8250 = ℳ 478 500

b) 40 Genossen zahlten jeder 1100, zusammen also ℳ 44 000

c) 50 Genossen zahlten jeder 550, zusam. ℳ 27 500

ℳ 550 000

Somit ist im Vorschußverfahren, wenn auch erst bei dritter Umlage der ganze bilanzmäßige Fehlbetrag aufgebracht. Damit würden alle Gläubiger befriedigt werden — wenn die Bilanz des Verwalters stimmte. Da derselbe scharf rechnete und den Fehlbetrag um 10 % höher, als die Genossenschaftsbilanz schätzte, so ist es möglich, daß er noch einen Betrag, sagen wir 8250 ℳ übrig behielt. Dieser wurde in der Schlußberechnung festgestellt und dann zurückbezahlt an die letzten 360, von denen dann also jeder nun blos 1100 + 206,25 = 1306,25 ℳ zur Deckung des Fehlbetrags beigetragen hat.

Aber um einen **ausnahmsweise unglücklichen** Fall herzustellen, nehme ich an, daß auch die Bilanz des Konkursverwalters noch viel zu günstig war, und daß sich bei der Versilberung der Masse der von der Genossenschaft berechnete Fehlbetrag von 500 000 ℳ noch um weitere 20 % oder 100 000 ℳ höher herausstellte, für welche noch keine Deckung da ist. Gewiß gehört in Zukunft schon eine unglaublich loddrige Verwaltung der Genossenschaft und ein sehr kurzsichtiger oder unfähiger Verwalter, vielleicht sogar ein unaufmerksamer Konkursrichter dazu, damit ein solcher Fall überhaupt vorkommen kann.

Die Nachschußberechnung hat diese 100 000 ℳ nicht auf 500, sondern nur noch auf 360 Genossen zu vertheilen. Jeder von ihnen hat also 277 ℳ 77 7/9 ₰ nachzuschießen. Um zum Schlußergebnis zu kommen: Von den 360 zeigen sich wiederum 36 (oder 10 %) zahlungsunfähig, es kommen nur 90 000 ℳ ein und 10 000 ℳ müssen in einer Zusatzberechnung auf 324 vertheilt werden. Jeder von ihnen hat noch 30 ℳ 36 1/9 ₰ aufzubringen. An diesem besonders unglücklichen Fall läßt sich gewiß der Einzelangriff in seiner „ungeheuren Gefahr des einzelnen Genossen" recht wirksam veranschaulichen.

Ich folge nun wieder Goldschmidt, von dem ich bereits erwähnte, daß er die wohlthätige Wirkung des § 112 unterschätzt. Es heißt Seite 20:

> „Diese in den Motiven (S. 60—61) doch allzu euphemistisch als „„scheinbare Härte" bezeichnete Gefahr und Unbill soll nach diesen Motiven a. a. O. ihre „„Beseitigung"" finden durch „das Regreßrecht, welches den Genossen gegen die Genossenschaft unzweifelhaft zukommt. Der direkte Zugriff der Gläubiger ändere somit für die Genossen selbst an dem Ergebniß, welches ohne den Zugriff eingetreten wäre, sachlich nichts. Das Recht des Gläubigers, sich geeignetenfalls unter den haftpflichtigen Genossen diejenigen auszusuchen, welche sie in Anspruch nehmen wollen, bewirke hiernach nur eine Aenderung der Parteirolle und nicht der Haftpflicht".

Dieses „nur" charakterisirt mehr als alles Andere die ganz formalistische Behandlung der wichtigen Frage. Macht es denn im praktischen Effekt wirklich keinen Unterschied, ob ich 200 000 oder auch nur 100 000 ℳ sofort zahlen muß, wenngleich mit der sogar sicheren Aussicht, später diese 200 000 oder 100 000 ℳ wieder zu erlangen oder ob ich nichts zu zahlen brauche?! Plus est in re, quam in actione, sagen schon die praktischen römischen Juristen: was ich zahlen muß, wenngleich mit dem klagbaren Anspruch auf Wiedererlangung, ist einstweilen für mich verloren. Von den 400 Genossen, welche ihrer Vor- und Nachschuß-Pflicht vollkommen genügt haben, werden 1, 2, 5, 10 auf Zahlung des Gesammtschuldrestes von 200 000 ℳ durch den Einzelangriff herausgegriffen. Bevor sie ihre „Auslage" ersetzt erhalten, werden sie in zahllosen Fällen völlig ruinirt sein. Zumal diejenigen Gesellschaftskreise, aus denen bekanntlich weitaus die Hauptmasse der Erwerbs- und Wirthschaftsgenossenschaften besteht: die kleinen Geschäftsleute, Handwerker, Kaufleute können eben gar nicht oder, zumal nach dem Zusammenbruch derjenigen Genossenschaft, welche ihren Kreditbedarf vermittelt hat, nur unter unerschwinglichen Opfern mit einem Male große Summen aufbringen, auch wenn die Wiedererlangung noch so sicher wäre. Ohnehin tritt dieser Ersatz häufig erst nach jahrelangen Weiterungen ein und es kann in der Zwischenzeit sich die thatsächliche Möglichkeit des Regresses vollständig verschoben, es können die früher solventen Genossen zahlungsunfähig geworden sein, die Befriedigungsmittel bei Seite geschafft haben u. s. f.". . . .

Diese Beweisführung müßte gewiß überzeugen, wenn die thatsächlichen Voraussetzungen richtig wären. Aber dem ist nicht so. Goldschmidt schildert, möchte ich geltend machen, den Hergang, wie er sich jetzt bei den schlechten Gesetzesbestimmungen abspielt, aber nimmermehr, wie es nach dem Entwurf auch nur möglich ist. Ich kehre zu der Veranschaulichung der praktischen Wirkungen in jenem besonders unglücklichen Konkurse zurück. Goldschmidt hat in den letzten Ausführungen dargethan, daß er nur den Konkurs einer Kreditgenossenschaft im Auge hat. Andere Genossenschaften sind bei dem „persönlichen Angriff" kaum betheiligt. Consumvereine haben zwar noch mehr Mitglieder aus den weniger bemittelten Kreisen, aber wenig oder gar keine Schulden. Höchstens könnte man sich so gefahrvolle Konkurse noch bei großen Produktivgenossenschaften, wie sie aber gar nicht in Deutschland existiren, herauskonstruiren. Also bleiben wir bei der bankerotten Kreditgenossenschaft.

Ich hatte dargelegt, wie nach Ausschüttung der Masse

100 000 ℳ zu decken übrig bleiben, die der Konkursverwalter unter die 360 übrig gebliebenen Genossen in der Nachschußberechnung (§ 103, jetzt 104) vertheilt, so daß auf jeden 277 ℳ 77 $^{7}/_{9}$ ₰. kommen. Zur Erklärung über die Berechnung steht Termin an, zu welchem alle 360 Genossen besonders zu laden sind, auch Vorstand, Aufsichtsrath, Konkursverwalter und Gläubigerausschuß erscheinen. Erst auf Grund dieser Verhandlung und der Entscheidung über die Einwendungen wird die Berechnung für vollstreckbar erklärt. Sie wird auf die Gerichtsschreiberei niedergelegt. Der Konkursverwalter hat **ohne Verzug**, soweit nöthig durch Zwangsvollstreckung die Beiträge einzuziehen (§ 98, jetzt 99).

Erst nach Ablauf von zwei Monaten, seit dem Tage der Niederlegung der für vollstreckbar erklärten Nachschußberechnung — also nachdem der Konkursverwalter seit länger als zwei Monaten an der ohne Verzug und wo nötig exekutivisch zu erfolgenden Beitreibung der Beiträge arbeitet, können die Gläubiger, soweit sie bisher nicht befriedigt sind, die einzelnen Genossen in Anspruch nehmen, ohne daß den letzteren die Einrede der Theilung zusteht (§ 110, jetzt 111).

Goldschmidt kommt in seinem Beispiel, wenn auch in Folge thatsächlicher Irrtümer, auf 400 bisher noch zahlungsfähige Genossen und 200 000 ℳ ungedeckten Fehlbetrags, doch genügt ihm, wie vorstehend zu sehen, „auch nur 100 000 ℳ“ Ich habe durch eine sehr arge Verschlimmerung seines Falles erreicht, daß für die Nachschußberechnung noch 360 Genossen mit 100 000 ℳ zu deckenden Fehlbetrages übrig bleiben — auf 200 000 ℳ kann ich, als in diesem Falle unmöglich, beim besten Willen nicht eingehen. Aber es würde ja schlimm genug sein, wenn 2, 5, 10 kleinere Geschäftsleute den Einzelangriff wegen 100 000 ℳ erführen, und sie bezahlen müßten und an der Hoffnung zehrten, „nach jahrelangen Weiterungen“ Regreß nehmen zu können. Aber so liegt es eben nicht. Es ist auch nicht richtig, daß die 360 nicht „in der Lage“ wären, auf die „mögliche Beitreibung“ der fehlenden 100 000 ℳ einzuwirken. Sie werden in jenem Termin zur Verhandlung der Nachschußberechnung erscheinen und ganz gehörig und mit Recht über den Konkursverwalter, der bei Feststellung des Fehlbetrages denselben um 20 pCt. zu niedrig geschätzt hat, herfallen und auf bessere Betreibung der Sache hinwirken.

Aber zur „Veranschaulichung der praktischen Wirkungen“ des Systems bedarf es nunmehr einer genaueren Bekanntschaft mit den zum Einzelangriff berechtigten Gläubigern. Ihre

Zahl würde ich bei einem so überschuldeten Creditvereine auf mindestens 400 schätzen, allein da je geringer die Anzahl ist, es desto schlimmer für die Genossen steht, will ich nur 200 annehmen. Von dem zu deckenden 1 150 000 ℳ Fehlbetrag rechne ich 150 000 ℳ auf Kosten und bevorrechtete Forderungen. Es bleiben also 1 000 000 ℳ für 200 Gläubiger übrig. Unter diesen wird der bedeutendste Gläubiger höchstens 50,000 ℳ zu fordern haben (wer gibt einer so verlodderten Genossenschaft so riesige Credite?), dann wird einer mit 40 000 ℳ, 1 zu 30 000 ℳ, 4 zu 20 000 ℳ, 20 zu 10 000 ℳ vorhanden sein, verbleiben 180 mit zusammen 600 000 ℳ (durchschnittlich 3333 1/3). Für jeden dieser Gläubiger sind vor Aufstellung der Nachschußberechnung bereits **90 pCt., schreibe neunzig Procent** seiner Forderung baar vorhanden. Aus der Nachschußberechnung entnimmt er, daß er nach menschlicher Berechnung auch noch die letzten zehn Prozent seiner Forderung nach und nach in nicht ferner Zeit einheimsen wird, ja daß er sie erhält, ohne daß er nur einen Finger zu etwas anderem zu rühren braucht, als zum Geldeinstreichen und Quittungschreiben.

Wenn nun die 200 Gläubiger oder ein nennenswerther Theil derselben wirklich sich mit dem Gedanken trügen, wegen des noch nicht berücksichtigten Restes zum Einzelangriff zu schreiten, so müßen sie sich noch die zwei Monate gedulden. Inzwischen werden der Verwalter und die noch zahlungsfähigen 324 Mitglieder sich um so mehr sputen, den Konkurs zu Ende zu bringen. Gering gerechnet werden mindestens 2/3 der 324, also 216 ihre Beiträge von je 277 Mark 77 7/9 Pfennige schon in den ersten sechs Wochen baar eingezahlt haben, wenn nicht aus Furcht vor dem Einzelangriff, so doch aus Furcht vor der Zwangsvollstreckung auf Betreiben des Konkursverwalters. Der Konkursverwalter hat also auf Heller und Pfennig schon vor dem Ablauf der zweimonatlichen Frist 60 000 ℳ erhalten und mußte diesen Bestand „unverzüglich" vertheilen (§ 104, jetzt 105). Das sind gerade 6 pCt der ursprünglichen Forderungen.

An dem verhängnißvollen Tage, an welchem endlich die Gläubiger mit ihren Restforderungen zum Einzelangriff zu schreiten befugt sind, haben sie **96 pCt. ihrer Forderungen baar** erhalten, und die sichere Aussicht, in nicht zu langer Zeit — ohne eigene Thätigkeit die noch restirenden vier Procent in Empfang zu nehmen!

Aber ist es nicht doch möglich, daß sich jetzt die 200

Gläubiger zusammenrottiren, und wenn auch nicht 200 000 ℳ oder 100 000 ℳ, so doch die noch unbezahlten 40 000 ℳ, an denen der größte Gläubiger mit 2000 ℳ, der zweite mit 1600 ℳ, der dritte mit 1200 ℳ, 4 mit je 800 ℳ und 20 mit je 400 ℳ theilnehmen, gegen 2, 5, 10 herausgegriffene kleine Geschäftsmänner im Einzelangriff geltend machten? — Nein, das ist nicht möglich. Denn unter 200 Personen sind keine zwei zu finden, die den eigenen auf der Hand liegenden Vortheil mißachten und sich in Arbeit und Kosten stürzen, um durch Prozeß die letzten 4 pCt. einer mit 96 pCt. schon zur Hebung gelangten Konkursforderung nicht früher, sondern wahrscheinlich später, als ohne Arbeit und Kosten zu erlangen.

Das bischen Einzelangriff, was nach dem neuen Entwurf noch übrig geblieben ist, sollte Niemand erschrecken. Es kann nicht etwa sofort durch Zwangsvollstreckung geltend gemacht werden, sondern nur durch Klage im gewöhnlichen Prozeßwege. „Denn die sofortige Zwangsvollstreckung" — so heißt es in den Motiven — „würde die direkte Haftpflicht, welche der Entwurf stets nur als subsidiär behandeln will, ohne zwingenden Grund verschärfen und in den Vordergrund drängen." Der Gläubiger muß sich einen Anwalt annehmen, muß Kostenvorschuß zahlen, hat Laufereien und Scheerereien und Arbeit aus dem Einzelangriff, ohne daß es wahrscheinlich ist, er werde seinen Ausfall auch nur um einen Tag früher erhalten, als ohne Arbeit und Kosten.

Aber wenn wirklich einmal ein Gläubiger wegen seiner ganzen Restforderung einen von vielen Genossen im Einzelangriff herausgegriffen hat und von diesem befriedigt ist, so liegt es für letzteren keineswegs so ungünstig, wie Goldschmidt annimmt. Er tritt an Stelle des Gläubigers, hat seine „Auslage" nur dem Konkursverwalter anzuzeigen, um genau in derselben Weise befriedigt zu werden, wie die übrigen Gläubiger — nicht erst „nach jahrelangen Weiterungen", sondern in dem beschleunigten abgekürzten Verfahren der Nachschußumlage des Konkurses. Gerade diese Aenderung des bestehenden Gesetzes ist eine der wichtigsten des ganzen Entwurfs. „Der Genosse" — heißt es in den Motiven — „tritt an die Stelle des befriedigten Gläubigers nur gegenüber der Genossenschaft, nicht gegenüber den einzelnen Genossen; die Ausgleichung der den einzelnen Genossen obliegenden und von ihnen bewirkten Leistungen kann nur im Nachschußverfahren erfolgen, das gerade den Zweck hat, die Beitragspflicht der Genossen nach ihrem materiellen Inhalt zur Durchführnng zu bringen."

Danach, meine ich, bleibt bei Veranschaulichung der praktischen Wirkungen des neuen Systems von der „ungeheuren Gefahr des Einzelangriffs für die Genossen" nichts übrig.

Es erübrigt nun noch, die Zweckmäßigkeitsgründe für die Aufrechthaltung des Einzelangriffs im Anschluß an Goldschmidt's gegentheilige Ausführungen zu würdigen.

3.

Die Zweckmäßigkeitsgründe für die Aufrechthaltung des Einzelangriffs in dem neuen System des Umlageverfahrens sind nur zum kleineren Theile von den Erfahrungen bei Zusammenbrüchen großer Vorschußvereine herzunehmen.

Der Credit der Vorschußvereine wird keinesfalls erschüttert werden, wenn der bisher bestehende Einzelangriff in der vorgeschlagenen Weise zusammenschrumpft.

Die Mitglieder derselben müssen, wenn sie die Möglichkeit eines zukünftigen Zusammenbruchs überhaupt in Erwägung ziehen sollten, mit Genugthuung anerkennen, daß der Einzelangriff durch das neue Umlageverfahren und durch die Einführung des Rechtes, sofort Ersatz des auf den Einzelangriff gezahlten Betrags im beschleunigten Nachschuß-Umlageverfahren zu fordern, ohne Beeinträchtigung der Gläubiger, für die Genossen ungefährlich geworden ist.

Goldschmidt freilich meint, es dürfe mit aller Bestimmtheit behauptet werden, daß nur das Vertrauen zu der bewährten Kraft und Energie Schulze-Delitzsch's, der ein System finden werde, welches eine rationelle Befriedigung der Gläubiger ohne den verhaßten Einzelangriff ermögliche, bisher zahlreiche und wohl namentlich die vermögendsten Mitglieder der Genossenschaften von der Fahnenflucht abgehalten habe! (S. 24 und 25). Gegenüber dieser, auf eigene Erfahrungen und Beobachtungen wohl nicht gestützten Behauptung glaube ich mit aller Bestimmtheit versichern zu dürfen, daß von einer solchen unmännlichen Mißachtung der eigenen Kraft, von solchem Verzweifeln an der Möglichkeit, in der Genossenschaft eine solide gefahrlose Verwaltung aufrecht zu erhalten, bei den Mitgliedern unserer Genossenschaften zum Glück nichts zu spüren ist. Da ich seit vielen Jahren, also vor und nach Schulze-Delitzsch's Tode — ganz abgesehen von dem Besuch der allgemeinen Vereinstage — als Vertreter der Anwaltschaft auf Unterverbandstagen in allen Gauen Deutschlands bisher alljährlich mit Vertretern von mehreren hundert Genossenschaften getagt habe, meine ich, hier mein eigenes Urtheil nicht zurückhalten zu dürfen. Wäre Goldschmidt's Behauptung richtig, so müßte seit Schulze Delitzsch's Tode eine Fahnenflucht aus Furcht vor dem Einzelangriff eingetreten sein und sich in der Abnahme der Mitglieder der Genossenschaften bemerklich machen. Rücksichtlich derjenigen Genossenschaften, welche für die Jahresberichte des Anwalts die statistische Tabelle ausfüllten, ist dies nicht der Fall. Die Jahresberichte der letzten fünf Jahre ergeben folgende Durchschnittsziffern: Auf einen Vorschußverein kamen 1883 506,0, 1884 514,0, 1885 511,0, 1886 512,4, 1887 514,9 Mitglieder, auf einen Consumverein 1883 642,0, 1884 701,9, 1885 741,5, 1886 881,7 und 1887 903,2 Mitglieder.

Nicht widerlegt hat Goldschmidt, meines Erachtens, die Ausführungen der Motive über den Nutzen, den der Fortbestand des Einzelangriffs den Genossen bringt, insofern er gerichtet ist gegen Personen, die an dem Nachschußverfahren nicht mehr betheiligt werden.

„Die Möglichkeit ist nicht ausgeschlossen" — heißt es in den Motiven S. 60 — „daß auch ein verbessertes Nachschußverfahren zur Befriedigung der Gläubiger nicht führt, obgleich leistungsfähige Genossen vorhanden sind. Es ist denkbar, daß eine Anzahl derselben es verstehen, sich ihrer Beitragspflicht zu entziehen oder den Konkursverwalter hinzuhalten. Für solche Fälle ist es vollkommen gerechtfertigt, den einzelnen Gläubigern die Wahrung ihrer Rechte selbst in die Hand zu geben. Und gerade, daß diese Möglichkeit im Hintergrunde steht, wird auf den Gang des Nachschußverfahrens nachdrücklich einwirken."

Das Thatsächliche dieser Ausführungen kann nicht bestritten werden Der Konkursverwalter hat das Recht, bei der Vorschußumlage alle diejenigen Genossen fortzulassen, die er für zahlungsunfähig hält. (S. 178 und 179). Diese Maßnahme kann zwar durch die Entscheidung über die im Termin zur Prüfung der Vorschußberechnung gemachten Einwendungen berichtigt werden,*) aber Irrthümer und Fehler werden trotzdem in dieser Beziehung öfters vorkommen.

Außerdem können Genossen, die mit gutem Grund als zahlungsunfähig in der Vorschußberechnung fortgelassen sind,

*) „Die Einwendungen können sich beispielsweise auf die Mitgliedschaft eines Genossen, auf die Weglassung zahlungsfähiger oder die Aufnahme zahlungsunfähiger Genossen, ... beziehen." (Motive zu §§ 96, 97, jetzt 97, 98.)

während des Konkurses eine erhebliche Besserung in ihren Verhältnissen erfahren haben. Endlich kann es einzelnen Genossen gelungen sein, sich bei der Vorschußumlage der Zahlungspflicht zu entziehen, indem sie bei der Zwangsvollstreckung Vermögensgegenstände bei Seite schafften u. dergl. In allen diesen Fällen bildet der Einzelangriff des Gläubigers ein Korrektiv im Interesse derjenigen Genossen, welche die ausgefallenen Beiträge Jener im Vorschußverfahren aufbrachten. Sie veranlassen nunmehr einen oder mehrere Gläubiger, unter Zusicherung der Kostenerstattung, auf Höhe ihrer Restforderung oder eines entsprechenden Theils derselben gegen die ungerechter Weise Bevorzugten zu klagen. Was die Gläubiger auf diese Weise erstreiten, kommt allen Genossen zu gut und mindert ihre Beiträge im Nachschußverfahren.

Zweckmäßig im Interesse der Genossen ist hiernach der Fortbestand des Einzelangriffs auch für Vorschußvereine mit einer großen Zahl Mitglieder, obschon für diese Genossenschaften die Befriedigung der Gläubiger durch das verbesserte Umlageverfahren fast immer gesichert sein wird. Nothwendig aber ist der Fortbestand des Einzelangriffs für alle diejenigen Konkurse gleichviel welcher Art von Genossenschaften, bei denen es von vornherein zweifelhaft ist oder im Laufe des Konkursverfahrens zweifelhaft wird, ob die Gläubiger in demselben ihre vollständige Befriedigung finden. Für alle solche Fälle darf den Gläubigern die Möglichkeit nicht entzogen werden, wegen des nach Vertheilung der Masse einschließlich der im Vorschußverfahren eingegangenen Beiträge verbleibenden Restes ihrer Forderung „die Wahrung ihrer Rechte selbst in die Hand zu nehmen.“

In Betracht zu ziehen werden hier namentlich landwirthschaftliche oder industrielle Produktivgenossenschaften sein, zu denen sich einer oder wenige Großunternehmer mit einer Schaar Unbemittelter verbinden. Nach Erlaß des neuen Genossenschaftsgesetzes wird sich die Unternehmungslust mit Vorliebe der genossenschaftlichen Form der Vergesellschaftung zuwenden, und dann werden ohne Zweifel solche Produktivgenossenschaften in bedeutender Zahl entstehen. Schon jetzt giebt es Molkereigenossenschaften, zu denen sich einer oder mehrere Großgrundbesitzer mit Kleinbauern vereinigen. Ebenso ist es vorgekommen, daß ein gutgestellter wohlmeinender Großindustrieller mit seinen Arbeitern eine Genossenschaft bildet zu weiterer Fortführung seiner Fabrik. Genossenschaften dieser Art, die zu den ersten Anlagen vielleicht bedeutenderen Credit bedürfen, erhalten denselben nur wegen der unter den Mitgliedern befindlichen vereinzelten Potenten. Die Creditfähigkeit der Genossenschaft wird hier durch die Möglichkeit des Einzelangriffs wesentlich verstärkt, durch den Fortfall desselben würde sie bedeutend geschwächt werden.

Neben Genossenschaften, deren Geschäftsbetrieb erheblicheren Gefahren ausgesetzt ist, werden nach Erlaß des neuen Gesetzes, ebenso wie nach Verkündung des Genossenschaftsgesetzes von 1868, auch Genossenschaften zur Eintragung gelangen, die von Schwindlern in betrügerischer Absicht gegründet sind. Der Betrug kann darauf gerichtet sein, wohlhabende Personen zum Beitritt zu verlocken und in der Genossenschaft auszuplündern, oder aber Kapitalisten zu unvorsichtiger Creditgewährung an die Genossenschaft zu verleiten. Der Fortbestand des Einzelangriffs mahnt von leichtsinnigem Beitritt zu zweifelhaften Genossenschaften ab und bietet Gläubigern, die sich beschwindeln ließen, ein Mittel, durch Herausgreifen derjenigen, von denen noch etwas zu erlangen ist, den Verlust zu verringern.

Das neue Umlageverfahren wird den besonderen Vortheil haben, eine beschleunigte Abwickelung der ganzen Angelegenheit durch freiwillige Uebereinkunft aller Betheiligten zu ermöglichen. In der Regel ist dies für den ganzen Ort oder die ganze Landschaft von großem Werth. Schon bisher haben trotz des so mangelhaften Verfahrens nur in wenigen Konkursen von Genossenschaften Einzelangriffe der Gläubiger stattgefunden, dahingegen ist kaum ein Konkurs vorgekommen, in denen, wenn nicht alle, so doch die große Mehrzahl der Gläubiger behufs endlicher Regulirung etwas von ihren Forderungen schwinden ließen.

Künftig liegen in dieser Beziehung die Verhältnisse bei weitem günstiger. Die **Gläubiger** haben künftig ein größeres Interesse an der schleunigen Abwickelung der Sache. Denn die Bestimmung des bisherigen Rechts (Konkursordnung § 197, Genossenschaftsgesetz § 51, Abs. 5), wonach die Haftung der Genossen sich auch auf die laufenden Zinsen und auf die Kosten der Theilnahme am Konkursverfahren erstreckt, obschon diese Ansprüche im Konkurse selbst nicht geltend gemacht werden können, soll aufgehoben werden; fortan sollen die Genossen solidarisch und mit ihrem ganzen Vermögen den Konkursgläubigern nur für den Ausfall verhaftet sein, den diese an ihren bei der Schlußvertheilung berücksichtigten Forderungeu bei derselben erleiden (§ 110, jetzt 111). Dadurch ist jede Hereinziehung der fraglichen Zins- und Kostenansprüche ausgeschlossen. (Motive S. 174.) Die in den Anfang des Konkurses gelegte Vorschuß-umlage mit ihren Zwangsvollstreckungen wird die wohlhabenderen Genossen geneigter machen, in freiwilliger Einigung von vornherein erheblichere Beiträge zu leisten. Einen besonderen Ansporn wird für sie der Fortbestand des Einzelangriffs bieten; wenn schon er keineswegs mehr „ungeheure Gefahren" in sich birgt, so wird er doch immer eine Unannehmlichkeit für denjenigen bleiben, der dadurch in Anspruch genommen wird.

Zu solchen freiwilligen Regulirungen werden stets auch die ausgeschiedenen Genossen, „die den Gläubigern der Genossenschaft für die von ihr bis zum Zeitpunkt ihres Ausscheidens eingegangenen Verbindlichkeiten gleich den in derselben verbliebenen Genossen verhaftet bleiben" (§ 71, jetzt § 72) hinzugezogen werden, obschon sie den Genossen gegenüber keinerlei Verpflichtungen mehr haben (s. unten). Man wird die Wohlhabenderen von ihnen in der Regel zu freiwilligen Beiträgen zur Deckung der Schuldenlast bestimmen können, vorausgesetzt, daß die direkte Haftpflicht der Ausgeschiedenen für die älteren Genossenschaftsschulden aufrechterhalten wird, die sich nach der Meinung der Verfasser des Entwurfs nur in der von diesem durchgeführten Form verwirklichen läßt.

In meiner bisherigen Auseinandersetzung habe ich von der Nothwendigkeit des Einzelangriffs gegen die ausgeschiedenen Genossen wegen der vor ihrem Ausscheiden entstandenen Genossenschaftsschulden nichts erwähnt, weil Goldschmidt der „Heranziehung ausgeschiedener Genossen zum Umlageverfahren" einen besonderen ausführlichen Abschnitt widmet. In dem Abschnitt von dem Einzelangriff der Genossenschaftsgläubiger begnügt er sich mit einigen Bemerkungen, die darthun sollen, wenn wirklich die Ausgeschiedenen der direkten Haftung unterliegen müßten, so beweise dies noch nicht, daß auch die noch in der Genossenschaft stehenden Mitglieder der direkten Haftpflicht unterworfen werden müßten.

4.

Goldschmidt's Schrift ist eine Beilage zu der Petition praktischer Genossenschafter, der Herren Morgenstern, Matthies, Werner und Genossen an den Reichstag. Die Petenten versichern darin, daß „Professor Dr. Goldschmidt, der hervorragende Schriftsteller und Lehrer des Handelsrechts", sich mit aller Entschiedenheit für ihre Ansicht erklärt habe.

Danach meinte ich zu der Annahme nicht blos berechtigt, sondern verpflichtet zu sein, daß auch der zweite von den Petenten gestellte Antrag in Goldschmidt's Schrift seine Begründung finden werde. Die Petenten halten, wie die Verhandlungen auf dem Erfurter Verbandstag bestätigen, ungeachtet der Entwurf die Rechtsverhältnisse der ausgeschiedenen Genossen erheblich anders gestaltet, an den von den früheren allgemeinen Vereinstagen gebilligten Vorschlägen Schulze-Delitzsch's auch in dieser Frage fest.

Nach der Einleitung seiner Schrift zu urtheilen, schien mir Goldschmidt ein Gleiches zu thun. Er versichert, in beiden Fragen sich mit Schulze-Delitzsch und mit der früher in den Kreisen der deutschen Genossenschaften herrschenden Ueberzeugung zu seiner Genugthuung einig zu wissen. Obschon er sich, wie ich bereits nachgewiesen habe, in den „praktischen Wirkungen" der neuen Vorschläge entschieden irrt, so versichert er doch, Schulze-Delitzsch werde „in der für ihn wichtigsten Frage", in der Frage des Einzelangriffs „jeden Kompromiß sicherlich abgelehnt" haben. Dann fährt er fort:

„Nicht minder fest stand seine Ueberzeugung, daß nur die Heranziehung der noch haftenden, wenngleich ausgeschiedenen Genossen zum Umlageverfahren eine völlig befriedigende Gestaltung desselben ermögliche und in wohlverstandenem Interesse aller Betheiligten liege."

Auch auf den ersten neun Seiten des 13 Seiten umfassenden Abschnittes über „die Heranziehung ausgeschiedener Genossen zum Umlageverfahren" fand ich nichts, was meine Annahme entkräftete. Mit bewundernswerthem Aufwand juristischer Gelehrsamkeit wird hier nachzuweisen gesucht, daß der Gesetzgeber nicht die Ausschließung der Ausgeschiedenen vom Umlageverfahren, sondern deren Heranziehung als das zweckmäßigste erkennen müsse. Aber plötzlich, auf der viertletzten Seite der Schrift entdecke ich, daß Goldschmidt in den eigentlichen Kern der Sache dem Entwurfe und den Ansichten des Anwalts Schenck und der Mehrheit des Erfurter Vereinstages zustimmt, also den entgegengesetzten Standpunkt von Schulze's Vorschlägen und der Meinung der Erfurter Minderheit einnimmt.

Es kommt dabei nur auf die richtige Fragstellung an.

Vollständige Uebereinstimmung der Meinung herrscht über den Satz: Die ausgeschiedenen Genossen bleiben, auch wenn sie sich mit der Genossenschaft auseinander gesetzt haben, bis zum Ablauf der Verjährung für die bis zu ihrem Ausscheiden von der Genossenschaft eingegangenen Verbindlichkeiten den Gläubigern verhaftet.

Die wirkliche Meinungsverschiedenheit gipfelte schon für das geltende Recht in der Frage:

Sind ausgeschiedene Genossen, wenn sie wegen der während ihrer Mitgliedschaft eingegangenen Verbindlichkeiten der Genossenschaft Gläubigern derselben haben Zahlung leisten müssen, befugt, die Erstattung der gezahlten Beträge gleich einer Auslage von den übrigen Genossen zu fordern? *)

oder

sind ausgeschiedene Genossen wegen der während ihrer Mitgliedschaft eingegangenen Verbindlichkeiten der Genossenschaft zur Aufbringung der Deckungsmittel für Ausfälle der Gläubiger gleich den übrigen Genossen im Umlageverfahren heranzuziehen, ohne Erstattung von der Genossenschaft oder den übrigen Genossen fordern zu können?

Die letztere Meinung hat Schulze-Delitzsch auf das lebhafteste vertreten, auch für die Revision des Genossenschaftsgesetzes bei den von ihm gemachten neuen Vorschlägen. Dieselbe Meinungsverschiedenheit ist bisher, gegenüber dem neuen Entwurfe allein zu Tage getreten. Eine Heranziehung der ausgeschiedenen Genossen zum Umlageverfahren mit dem Vorbehalt, daß sie alles dabei bezahlte auf Heller und Pfennig von der Genossenschaft erstattet verlangen können, ist niemals in Frage gekommen — weder bei Erörterung des bestehenden Rechts, noch bei Erörterung der Novellen von Schulze-Delitzsch, noch bei Erörterung des vorliegenden Entwurfs. **)

Diese — meines Dafürhaltens — ganz neue Meinung vertritt nunmehr Goldschmidt. Fast zu Ende seines Aufsatzes erklärt er (Seite 37):

Hinsichtlich des Regresses der Ausgeschiedenen begründet es keinen Unterschied, ob man den Vorschlägen des Entwurfs oder den von mir vertretenen Vorschlägen folgt. Nach beiden Systemen hat der ausgeschiedene Genosse, weil und sofern er sich mit der Genossenschaft „auseinandergesetzt," somit bereits seinen ganzen Antheil an den Genossenschafts-

---

*) Fassung nach Seite 288 in Schulze-Delitzsch „Material zur Revision des Genossenschaftsgesetzes".

**) Eine ebenso gründliche, wie erschöpfende Erörterung der Streitrage findet sich in der Schrift Richard Schultze's „Umlageverfahren und Einzelangriff" (Greifswald 1888). Leider hatte dem Verfasser derselben Goldschmidts Schrift noch nicht vorgelegen.

schulden entrichtet hat, für Alles, was er später zu diesem Zwecke zahlen muß — gleichviel, ob auf direkten Einzelangriff oder im Umlageverfahren — den Regreß gegen die Genossenschaft.

Unbegreiflich ist mir nur, wie Goldschmidt meinen konnte, sich in betreff dieses seines neuen — und wie ich nachzuweisen versuchen werde — in aller und jeder Beziehung unzweckmäßigen Systems, mit Schulze-Delitzsch in Uebereinstimmung zu befinden.

5.

Die Bestimmuugen über Rechte und Pflichten der ausgeschiedenen Mitglieder sind durch § 68, 69, 71 des Entwurfs (jetzt 69, 70, 72) wesentlich verbessert. Der ausgeschiedene Genosse hat sich mit der Genossenschaft auf Grund der Bilanz auseinanderzusetzen. Löst sich die Genossenschaft binnen sechs Monaten nach dem Ausscheiden auf, so gilt das Ausscheiden als nicht erfolgt; der Ausgeschiedene steht also den übrigen Genossen völlig gleich. Findet die Auflösung erst nach sechs Monaten statt, so bleibt dem Genossen das ihm auf Grund der Bilanz binnen sechs Monaten auszuzahlende Guthaben.

„Reicht (bei der Auseinandersetzung auf Grund der Bilanz) das Vermögen einschließlich des Reservefonds und aller Geschäftsguthaben zur Deckung der Schulden nicht aus, so hat der Ausgeschiedene von dem Fehlbetrage den ihn treffenden Antheil an die Genossenschaft zu zahlen; der Antheil wird in Ermangelung einer anderen Bestimmung des Statuts nach der Kopfzahl der Mitglieder berechnet. (§ 69.)

„Der ausgeschiedene Genosse bleibt den Gläubigern der Genossenschaft für die von ihr bis zu dem Zeitpunkt seines Ausscheidens eingegangenen Verbindlichkeiten gleich den in derselben verbleibenden Genossen verhaftet. Die Haftpflicht erlischt nach Ablauf von drei Jahren seit dem Zeitpunkte des Ausscheidens, sofern nicht innerhalb dieses Zeitraums das Konkursverfahren über das Vermögen der Genossenschaft eröffnet wird. (§ 72.)

Goldschmidt behauptet von vornherein, daß die Lage der Ausgeschiedenen künftig weitaus ungünstiger sei, als die der nicht ausgeschiedenen Genossen, da jenen die natürlichen Vertreter fehlen, welche diese in Vorstand oder Liquidatoren haben.

„Allerdings hat der vielleicht nach Ablauf vieler Jahre nach seinem Ausscheiden durch den Einzelangriff von Gläubigern ruinirte Genosse, welcher sich mit der Genossenschaft auseinandergesetzt hatte, den Rückgriff gegen die Genossenschaft und zwar auf den vollen Betrag des Gezahlten, allenfalls gegen die einzelnen, in gleicher Lage befindlichen ausgeschiedenen Genossen (Entwurf §§ 68, 112 und Motive S. 63, 200), — indeß wie geringen Schutz dieses Regreßrecht praktisch gewährt, ist bereits im ersten Abschnitt erörtert." . . (S. 29 Goldschmidt.)

Bei dieser „Erörterung im ersten Abschnitt" ist Goldschmidt, wie ich im Vorstehenden dargethan habe, von durchaus irrigen Voraussetzungen ausgegangen; der oben mitgetheilte Satz bestätigt wiederum, daß sich Goldschmidt kein richtiges Bild von dem ganzen Verfahren macht. Der Ausgeschiedene kann frühestens zwei Monate nach der Vollstreckbarerklärung der Nachschußberechnung von einem Gläubiger, dessen Forderung schon vor seinem Ausscheiden entstanden ist, im Einzelangriff verklagt werden, zu einer Zeit, wo selbst in einem von mir künstlich konstruierten, besonders unglücklichen Fall (S. 9 u. ff.) jeder Gläubiger bereits 96% seiner Forderung erhalten hatte. Wird der Ausgeschiedene zu dieser Zeit, also mitten im Nachschußverfahren und bevor die Gläubiger durch weitere Nachtragsvertheilungen bedacht sind, von einem Gläubiger im Einzelangriff wegen des Restes (4%) seiner Forderung verklagt, so kann er das, was er in Folge der Klage zahlt, sofort beim Konkursverwalter anmelden und von diesem verlangen, daß es ihm an Stelle des befriedigten Gläubigers aus dem fortgesetzten Nachschußverfahren erstattet wird. Goldschmidt aber construirt sich einen Fall, wo der Ausgeschiedene noch nach Ablauf vieler Jahre durch den Einzelangriff ruinirt ist. Ist ein solcher Fall möglich? Das Gesetz stellt ihm kein Hinderniß in den Weg. Es kann eine Genossenschaft vorhanden sein und bankerott werden, deren Mitglieder so blutarm, und deren Schulden so ungeheuer groß sind, daß nach Beendigung des Konkurses sämmtliche Genossen durch Zwangsvollstreckungen im Vorschuß- und Nachschußverfahren in nichtsbesitzende Leute verwandelt, also vollständig ruinirt sind und daß doch noch genügend viel Schulden ungedeckt übrig bleiben, um einem oder mehreren Gläubigern zu ermöglichen, durch einen wegen des noch ungedeckten Restes erhobenen Einzelangriff einen Ausgeschiedenen noch nachträglich zu ruiniren. Diesem Manne kann natürlich der Regreß an lauter zahlungsunfähige nicht ausgeschiedene Genossen nichts helfen und die zur selben Zeit mit ihm ansgeschiedenen, also gleich ihm denselben Gläubigern haftbar gebliebenen Genossen werden ihm vielleicht nicht soviel werth dünken, um an sie das Regreßverfahren zu wagen.

In Wirklichkeit freilich wird ein solcher Fall unter tausend Fällen kaum einmal vorkommen. Aber er beweist nichts gegen den Einzelangriff, denn wenn dieser Ausgeschiedene beim Nachschußverfahren betheiligt wäre, würde er genau ebensoviel, nur erheblich früher, haben zahlen müssen.

Selbst wenn man diesen ruinirten Genossen als Muster hinstellen könnte, würde Goldschmidts Behauptung nicht zutreffen, daß künftig das Mitglied einer Genossenschaft „durch sein Ausscheiden aus derselben in eine fast noch bedenklichere Lage gerathen würde, als durch sein Verbleiben in der Genossenschaft".

Auf die Rechtsgründe, die Goldschmidt für die Heranziehung der Ausgeschiedenen zum Umlageverfahren unter Beseitigung des Einzelangriffs geltend macht, werde ich nicht eingehn, da Goldschmidt selbst auch hier wieder betont, daß der umsichtige Gesetzgeber den zweckmäßigsten Weg zu wählen habe (S. 31). Ich lasse deshalb den juristischen Ausführungen, daß „die ausgeschiedenen Genossen nach Rechtsprinzipien den Gläubigern gegenüber die nur modifizirt solidare Haftung im Umlageverfahren beanspruchen dürfen, daß sie der Genossenschaft gegenüber ein unzweifelhaftes Recht auf diese Heranziehung haben, ja daß sogar das Recht der Genossenschaft, die ausgeschiedenen Genossen zum Umlageverfahren heranzuziehen, nicht füglich bezweifelt werden kann", ganz bei Seite (S. 36 u. 37). Ich halte sie nicht für richtig, aber auch, wenn sie richtig wären, würden sie vor den Zweckmäßigkeitgründen zurück zu weichen haben. Also zu den Zweckmäßigkeitsgründen:

I. „Die Heranziehung der Ausgeschiedenen zum Umlageverfahren ist nothwendig, um eine sichere Feststellung der Befriedigungsmasse zu ermöglichen" (S. 36) — oder „die Ausschließung der Ausgeschiedenen verhindert augenscheinlich die Aufstellung einer jeden sicheren Berechnung der zur Befriedigung der Gläubiger paraten Mittel" (S. 31).

Mir ist dieser Grund unverständlich. Die „Befriedigungsmasse", die Masse, aus der die Gläubiger zu befriedigen sind, ist das gesammte Vermögen der Genossenschaft (ausstehende Forderungen, Grundeigenthum u. s. w.) plus dem gesammten Sondervermögen der in erster Linie haftbaren Genossen. Reicht diese Masse nicht aus, so trift nicht für alle Forderungen aller Gläubiger, sondern nur für einen Theil der Forderungen das gesammte Sondervermögen derjenigen bereits ausgeschiedenen Genossen hinzu, vor deren Ausscheiden jene Forderungen entstanden sind. Diese „Befriedigungsmasse" zu berechnen isi unmöglich; will man sie schätzen, so kann dies genau ebenso leicht geschehen, wenn man die Ausgeschiedenen vom Umlageverfahren ausschließt, als wenn man sie dazu heranzieht.

Eine solche Schätzung unter Mitberücksichtigung des Vermögens der Ausgeschiedenen vorzunehmen, hat der Konkursverwalter nicht die geringste Veranlassung, wenn es zweifellos erscheint, daß das Vermögen der Genossenschaft und der Genossen zur Befriedigung ausreicht. In die Bilanz (Konkursordnung Art. 114) gehört sie nicht und ebensowenig in die Vorschußberechnung (§ 95 jetzt 96 des Entwurfs). „Definitiv ausgeschiedene Gläubiger gehören überhaupt nicht in die Berechnung" sagen die Motive. In den nach dem künftigen Verfahren (abgesehen von Schwindelgenossenschaften) äußerst seltenen Fällen, wo Gefahr vorhanden ist, daß die Gläubiger durch das Vermögen der Genossenschaft und der Genossen nicht völlig befriedigt werden, liegt es noch mehr im Interesse der Gläubiger, wie aller Betheiligten, daß unverzüglich auf Grund der Vorschußberechnnng die Beiträge eingezogen werden. Jede Verzögerung ist schädlich. Selbst die Aufstellung einer Berechnung über die Haftung der Ausgeschiedenen darf das Verfahren nicht verzögern. Eine solche Aufstellung wird übrigens in den meisten Konkursen eine zeitraubende Arbeit sein, da auf jedem einzelnen Gläubigerkonto zu untersuchen ist, in welchem Jahre die noch nicht, oder nur theilweise getilgten Forderungen entstanden sind — was namentlich bei Spareinlagen gar nicht so leicht ist.

II. „Die Heranziehung der Ausgeschiedenen zum Umlageverfahren liegt im Interesse der Genossenschaft, im vernünftigen Interesse der Genossenschaftsgläubiger und der ausgeschiedenen Genossen selbst" (S. 36). Wie wird dies begründet?

1. „Das Interesse der Genossenschaft an der Heranziehung der Ausgeschiedenen liegt klar auf der Hand" (S. 32). Klar auf der Hand liegt allerdings, daß die Genossenschaft, d. h. die bei Eröffnung des Konkurses vorhandenen Genossen ein Interesse daran haben, in ihren Verpflichtungen durch Heranziehung der Ausgeschiedenen endgültig erleichtert zu werden; schießen die Ausgeschiedenen 10 pCt. zu dem durch Beiträge aufzubringenden Fehlbetrage zu, so verringert sich die

Verpflichtung jedes einzelnen zahlungsfähigen Genossen ebenfalls um 10 pCt. In diesem Sinne hatte Schulze-Delitzsch für das nicht in den Konkurs gelegte Umlageverfahren die Heranziehung der Ausgeschiedenen vorgeschlagen. Aber daß die Genossen ein Interesse an einer Bestimmung, wie sie Goldschmidt befürwortet, haben sollten, wonach die Ausgeschiedenen im ersten Umlageverfahren (Vorschußverfahren) zur Deckung des Fehlbetrages 10 pCt. zuschießen und in einem weiteren Umlageverfahren, an dem sie nicht theilnehmen, wieder zurückbekommen, liegt keinesfalls „klar auf der Hand". Die zahlungsfähigen Genossen haben im Gegentheil das höchste Interesse an der unverzüglichen schleunigen endgültigen Ordnung der Sache durch Befriedigung aller Gläubiger, und alles was zur Verzögerung dient, ist gegen ihr Interesse.

Was Goldschmidt hier zur weiteren Begründung seiner Behauptung anführt, spräche nur für Schulze's, nicht für seine Vorschläge.*)

2. Das Interesse der Gläubiger an der Heranziehung der Ausgeschiedenen zum Umlageverfahren versucht Goldschmidt folgendermaßen nachzuweisen (S. 32):

„Anscheinend nicht so klar liegt das Interesse der Gläubiger. Es kann sich fragen, ob nicht, **wenn** der Einzelangriff beibehalten wird, **einzelne** Gläubiger es vorziehen werden, mit direkter Klage auf Zahlung der ganzen Ausfallsschuld wider die Ausgeschiedenen vorzugehen. Allein wenn man erwägt, daß dies erst in einem **sehr späten Zeitpunkt** geschehen kann, so dürften doch die Gläubiger im Durchschnitt das geordnete, ohne Bemühung von ihrer Seite zur Befriedigung führende Umlageverfahren dem immerhin beschwerlichen und gehässigen Einzelangriff vorziehen" . . .

Die Gläubiger haben lediglich das Interesse, ihr Geld unverkürzt und so schnell als möglich zurückzuerhalten: im Konkurse verlieren sie die Zinsen. Jedes Jahr Verzug ist

*) „Es ist ja bekannt, daß nur zu häufig bei ungünstigem Vermögensstande, ja bei irgend erheblichen Verlusten, zahlreiche Genossen austreten, um sich dem drohenden Umlageverfahren (?) zu entziehen. Dies wird auch durch den gegenwärtigen Entwurf (Rückdatirung des Auflösungsbeschlusses um 6 Monate) uns erschwert nicht verhindert. Will der Verein diese vielleicht vermögendsten Genossen zum Umlageverfahren heranziehen, so bleibt ihm nur das Mittel der Selbstvernichtung, d. h. der Auflösung binnen kurzer Frist. Gerade diese nothwendige Konsequenz des vom Entwurfe befolgten Systems hat den scharfen Widerspruch Schulze-Delitzsch's . . . . hervorgerufen." (S. 32.)

eine Kürzung um 3 bis 4 pCt. Wer zu ihrer Befriedigung beiträgt, ob auch Ausgeschiedene darunter, ist den Gläubigern vollständig gleichgültig. Selbstverständlich nehmen sie ihr Geld lieber ohne Klage. Allein in Konkursen, in denen die volle Befriedigung durch die Genossen zweifelhaft erscheint, kann augenscheinlich die Möglichkeit, wegen des Ausfalls gegen Ausgeschiedene im Einzelangriff vorgehen zu können, namentlich für die Beschleunigung so werthvoll sein, daß die Gläubiger in der That nur an dem Fortbestand des Einzelangriffs Interesse nehmen können.

3. Um „das vernünftige Interesse der Ausgeschiedenen selbst“ an ihrer Heranziehung zum Umlageverfahren zu beweisen, greift Goldschmidt wieder zu einem Zahlenbeispiel — und wiederum zeigt sich, daß er sich von dem thatsächlichen Hergange kein richtiges Bild macht und daß seine Zahlen auf Irrtümern beruhen. Er sagt wörtlich (S. 33):

> „Angenommen, daß der ohne Heranziehung der Ausgeschiedenen zum Umlageverfahren in dem kritischen Moment zu deckende Schuldrest 200,000 ℳ beträgt, für dessen Tilgung auch die im Laufe der letzten 2, 3, 4 Jahre vor diesem Zeitpunkte ausgeschiedenen 150 Genossen **den Gläubigern** aufzukommen haben, und man legt diesen 150 Personen die Frage vor:
>
>> „Zieht Ihr es vor, im Umlageverfahren, also etwa innerhalb eines Jahres nach der Auflösung ein Jeder pro rata; etwa mit **je 1000 ℳ** im Wege der Umlage herangezogen zu werden, unter demnächstigen im weiteren Umlageverfahren zu nehmenden Regreß für die gezahlten 1000 ℳ an die Genossenschaft, — oder wollt Ihr lieber der Gefahr ausgesetzt sein, daß nach Ablauf **eines weiteren Jahres** oder **weiterer 18 Monate** jeder Einzelne von Euch beliebig auf den **Betrag von 200,000 ℳ** (100,000, 50,000 u. dergl.) belangt werde, vorbehaltlich seines Regresses gegen die Genossenschaft und gegen die in gleicher Haftlage befindlichen Genossen?“
>
> so dürfte für einigermaßen vorsichtige und verständige Männer die Antwort kaum zweifelhaft sein“ . . .

Ich bin der Meinung, die gefragten 150 Männer werden, wenn sie „einigermaßen vorsichtig und verständig“ sind, dem Fragsteller nicht ohne Weiteres Glauben schenken, es werden unter ihnen nicht wenige sein, die zu rechnen verstehen und bevor sie antworten, Rückfragen stellen. Dann werden sie bald dahinterkommen, daß der Fragsteller unmögliche Voraussetzungen macht.

Goldschmidt hat augenscheinlich sein altes von mir bereits als fehlerhaft nachgewiesenes Beispiel im Sinn: 500 Genossen 500,000 ℳ Aktiva, 1,050,000 ℳ Passiva; 550,000 ℳ Fehlbetrag ist zu decken. Davon kommen im „Vorschußverfahren" („ein sehr günstiger Fall") nur 250,000 ℳ ein, im „Nachschußverfahren" bis zwei Monate nach der Vollstreckbarkeitserklärung der Nachschußberechnung noch 100,000 ℳ, es bleiben **„im kritischen Moment"** noch **200,000 ℳ** zu decken. Jetzt vervollständigt und ändert er das Beispiel dahin, daß neben den 500 Genossen aus 2, 3, 4 Jahren je 50, zusammen 150 Ausgeschiedene vorhanden sind, die „den Gläubigern" für Tilgung des Schuldrestes von 200 000 ℳ aufzukommen haben.

Danach würde dieser Fall zur Voraussetzung haben:

a) daß der Konkursverwalter versäumt hat, das „Vorschußverfahren" durchzuführen. Er hat nur 45.45 pCt. statt 100 pCt. eingezogen;

b) daß alle 500 Genossen durch die im Vorschuß- und Nachschußverfahren eingezogenen 350,000 ℳ ruinirt sind, also keinen Pfennig mehr aufbringen können;

c) daß alle Konkursgläubiger schon vor vier Jahren Gläubiger der Genossenschaft waren und seitdem keine Forderungen hinzugekommen sind;

d) daß zu befürchten steht, alle diese Gläubiger würden sich „im kritischen Moment" zusammenrotten, um wegen der noch nicht zurückerhaltenen 20 pCt. ihrer Forderungen gemeinsam über jeden Einzelnen der Ausgeschiedenen mit einer Klage herzufallen;

e) daß jeder der 150 Ausgeschiedenen (darunter auch Ausgeschlossene?) 1000 ℳ zahlen kann;

f) daß der Fragsteller, der die Frage doch vor dem Vorschußverfahren stellte, den ganzen Verlauf schon im Voraus kannte und die 150 Personen zu überzeugen versteht, daß es so kommen wird und daß er ihnen garantiren kann, mit 1000 ℳ loszukommen.

Lauter unmögliche Voraussetzungen — abgesehen von den früher nachgewiesenen Rechnungsfehlern. Ich meine, die Ausgeschiedenen werden nur in dem seltenen Falle, daß vor der Bilanz schon die Aufbringung des Fehlbetrages durch die Genossen fraglich erscheint, geneigt sein, sich von vornherein an der Deckung der Schulden zu betheiligen — und dann auch nur durch freiwillige Zuschüsse (s oben S. 18).

Ein Bedürfniß, solche Betheiligung zur gesetzlichen Pflicht der Ausgeschiedenen zu erheben und ihnen gleichzeitig den Rückgriff an die Genossenschaft zuzubilligen, ist um so weniger anzuerkennen, als in den allermeisten Fällen die Ausgeschiedenen gar nicht durch den Einzelangriff in Anspruch genommen, oder wenn dies wirklich geschieht, das Verausgabte ohne Schwierigkeit durch das Nachschußverfahren erstattet bekommen werden.

Aus Goldschmidts obigen wörtlich wiedergegebenen Sätzen scheint hervorzugehen, 1. daß er die Ausgeschiedenen gleich im Vorschußverfahren heranziehen will — „etwa innerhalb eines Jahres nach der Auflösung“ (bei regelrechtem Verfahren könnte man die Frist erheblich kürzer stellen), — im Gegensatz zu dem, ein Jahr oder 18 Monate später gestatteten Einzelangriff; 2. daß er den Fehlbetrag auf die Ausgeschiedenen und alle übrigen Genossen pro rata oder kopfweise vertheilen will.

Was bei einer zweiten Umlage, falls eine Zusatzberechnug nöthig wird, geschehen soll, deutet er nirgends an. Danach scheinen auch bei zweiten und dritten Zusatzberechnungs-Umlagen die Ausgeschiedenen aller Jahrgänge und die wirklichen Genossen ganz gleich behandelt werden zu sollen.

Ein solches Verfahren dürfte weder gerecht noch billig sein. Da besondere Aenderungsvorschläge nicht formulirt sind,*) so wird vielleicht die Herstellung des richtigen Verhältnisses von dem kalkulatorischen Geschick des Konkursverwalters erwartet. „Wenn endlich geltend gemacht wird“, sagt Goldschmidt auf der letzten Seite seiner Schrift, „daß die Heranziehung der Ausgeschiedenen, weil diese nur für die bis zu ihrem Ausscheiden kontrahirten Genossenschaftsschulden haften, die kalkulatorische Berechnung des Konkursverwalters erschwere, so fällt, entscheidenden Zweckmäßigkeits- und Billigkeitsgründen

*) In der Petition, als deren Verfasser sich Rechtsanwalt Dr. Herz-Mannheim bekannt hat, sind auch keinerlei Aenderungen formulirt, und ist das ganze vorgeschlagene Verfahren noch mehr in Dunkel gehüllt. Ich habe auf dem Vereinstage zu Erfurt am 30. August dieses Jahres in der Debatte über diesen Gegenstand mit Bezug auf eine Rede des Dr. Herz mich, wie die Mittheilungen ergeben, etwa dahin geäußert: „Sie sagen freilich, die Haftbarkeit der Ausgeschiedenen läßt sich anders ordnen. Nun wenn Sie so gescheute Juristen in Ihrer Mitte haben, so machen Sie doch einen besseren Entwurf. Ich habe bisher von Herrn Dr. Herz noch keine Vorschläge zu einer besseren Ordnung dieses Abschnittes des Entwurfs gelesen.“

gegenüber, diese Rechnungserschwerung um so weniger ins Gewicht, als ja nach dem Entwurf der Austritt nur zum Schlusse des Geschäftsjahres stattfindet und wirkliche Rechnungsschwierigkeiten dadurch ausgeschlossen sind."

Nun, so einfach liegen die Verhältnisse nicht, daß man sie der Entscheidung des Kalkulators überlassen könnte. Das Gesetz würde vielleicht erheblicher Ergänzungen bedürfen. Mir, der ich die fraglichen Bestimmungen des Entwurfes für gut halte, kann nicht in den Sinn kommen, den Gegnern Vorschläge zu unterbreiten. Doch will ich praktische Genossenschaftsmitglieder durch Konstruirung eines einfachen Falles auf einige Schwierigkeiten hinweisen. Ich will mich dem Beispiele Goldschmidts anschließen, aber es noch vereinfachen. 500 Genossen, 500 000 ℳ Aktien, 550 000 ℳ Fehlbetrag. Die Summe der Forderungen der Gläubiger (ohne Kosten und dergl.) mögen 1 000 000 ℳ sein. Da das Gesetz am 1. Juli 1889 in Kraft treten soll, verlege ich den Konkurs auf 1. August 1892. Haftbar sind für die vor ihrem Ausscheiden entstandenen Forderungen I. 50 am 31. Dezbr. 1889 Ausgeschiedene für 100 000 ℳ; II. 50 am 31. Dezbr. 1890 Ausgeschiedene für 500 000 ℳ (100 000 + 400 000); III. 50 am 31. Dezbr. 1891 Ausgeschiedene für 800 000 ℳ (500 000 + 300 000); IV. die 500 Genossen für 1 000 000 ℳ

Danach würden für die Forderungen aus dem ältesten Jahrgange (100 000 ℳ) 650 Personen, für die aus dem zweiten Jahrgange (400 000 ℳ) 600, für die aus dem dritten Jahrgange (300 000 ℳ) 550, für die aus dem vierten Jahrgange (200 000 ℳ) 500 Personen haften. Wäre es nun nicht vielleicht billig und recht, Jahrgangsweise auszurechnen, für wie viel Schulden bei kopfweiser Umlage der Einzelne haftet, also jeder der 50 Ausgeschiedenen vom ältesten Jahrgange für $\frac{100\,000}{650}$ ℳ = 153,84 ℳ (ohne die Brüche der Pfennige), jeder der 50 des Jahrgangs II. für 833,33 ℳ, jeder der 50 des Jahrgangs III für 1454,54 ℳ, jeder der 500 Genossen für 2000 ℳ

Sollten diese Verhältnißzahlen zum Grunde gelegt werden, so wären die Umlagebeträge nach dem Verhältniß von 1 000 000 zu 550,000 zu reduziren. Es würden sich bei der Umlage nach diesem oder irgend einem andern Verhältnisse Ausfälle bei den verschiedenen Jahrgängen ergeben. Nach welchem Verhältnisse sollen diese in den Zusatzberechnungen vertheilt werden? sollen nun die älteren Jahrgänge für die jüngeren mit aufkommen?

Genug von diesem ganz einfachen Beispiele mit lauter runden Zahlen. Um „wirkliche Rechnungsschwierigkeiten" auszuschließen und doch nicht gegen die Billigkeit zu verstoßen, wären doch wohl eine Reihe neuer §§ nöthig.

Aber alles dieses müßten nach Goldschmidt die Genossen und die Ausgeschiedenen bei jedem Konkurse einer Genossenschaft im Vorschußverfahren über sich ergehen lassen, mit der Wirkung, daß in mindestens 19 von 20 Fällen die Ausgeschiedenen die Beiträge, die man ihnen im Vorschußverfahren abnahm, im Nachschußverfahren mit Hilfe von neuen Umlagen von den Genossen zurückbekommen! —

Nein! behalten wir lieber auch für die Ausgeschiedenen den „verderblichen und unbilligen Einzelangriff der Gläubiger" bei! Dabei werden alle Betheiligten am besten fahren.

19. **Die Seegesetzgebung des Deutschen Reiches.** Von Dr. jur. W. E. Knitschky. 3 Mark.
20 **Gesetze, betreffend die Krankenversicherung der Arbeiter.** Von E von Woedtke. Dritte Auflage. 1 Mark 20 Pf.
21. **Die Konsulargesetzgebung des Deutschen Reiches.** Von Dr. Philipp Zorn. 4 Mark.
22. **Patentgesetz. Gesetz, betreffend das Urheberrecht an Mustern und Modellen. Gesetz über Markenschutz.** Von T. Ph. Berger. 80 Pf.
23. **Unfallversicherungsgesetz** vom 6. Juli 1884 und **Gesetz über die Ausdehnung der Unfall- und Krankenversicherung** vom 28. Mai 1885. Von E. von Woedtke. Dritte Auflage. 2 Mark.
24. **Reichsgesetz, betreffend die Kommanditgesellschaften auf Aktien und die Aktiengesellschaften.** Von H. Keyßner und Dr. H. V. Simon. Zweite Auflage. 1 Mark.
25. **Das Deutsche Reichsgesetz wegen Erhebung der Brausteuer** vom 31. Mai 1872. Von E. Bertho. 1 Mark 60 Pf.
26. **Die Reichsgesetzgebung über Münz- u. Bankwesen, Papiergeld, Prämienpapiere u. Reichsanleihen.** Von Dr. R. Koch. 2 Mark 40 Pf.
27. **Die Gesetzgebung, betr. das Gesundheitswesen im Deutschen Reich.** Von Dr. jur. C. Goesch und Dr. med. J. Karsten. 1 Mark 60 Pf.
28. **Gesetz, betreffend die Unfallversicherung der bei Bauten beschäftigten Personen.** Vom 1. Juli 1887. Von Leo Mugdan. 1 Mark 25 Pf.
29. **Das Deutsche Genossenschaftsgesetz** von Ludolf Parisius (in Vorbereitung.

B. Preußische Gesetze.

1. **Die Verfassungs-Urkunde für den Preußischen Staat.** Von Dr. Adolf Arndt. 1 Mark 60 Pf.
2. **Beamten-Gesetzgebung, Preußische.** Enthaltend die wichtigsten Beamtengesetze in Preußen. Mit kurzen Anmerkungen, einem chronologischen Verzeichniß der abgedruckten Gesetze &c. 1 Mark 80 Pf.
3. **Das Preußische Gesetz, betreffend die Zwangsvollstreckung in das unbewegliche Vermögen** vom 13. Juli 1883 und allen Nebengesetzen. Dr. J. Krech und Dr. O. Fischer Zweite Auflage. 1 Mark.
4. **Die Preußischen Gesetze, betreffend das Notariat** in den Landestheilen des gemeinen Rechts und des Landrechts. Von Dr. Kühne und R. Sydow. 1 Mark 20 Pf.
5. **Das Gesetz vom 24. April 1854** (betreffend die außereheliche Schwängerung) und die daneben geltenden Bestimmungen des Allg. Landrechts nebst den dazu ergangenen Präjudikaten, der Litteratur &c. Von Dr. jur. H Schulze. 75 Pf.
6. **Die Preußischen Ausführungsgesetze und Verordnungen zu den Reichsjustizgesetzen.** Von R. Sydow. 2. Auflage. 2 Mark.
7. **Allgemeine Gerichtsordnung für die Preußischen Staaten vom 6. Juli 1793 und Preußische Konkursordnung vom 8. Mai 1855.** Von F. Vierhaus. 2 Mark 50 Pf.
8. **Die Vormundschafts-Ordnung vom 5. Juli 1875,** nebst den dazu erlassenen Nebengesetzen und Allgemeinen Verfügungen. Von Max Schultzenstein. 1 Mark 20 Pf.
9. **Die Preußische Grundbuchgesetzgebung.** Von Prof. Dr. O. Fischer. 1 Mark 20 Pf.

G. Reusche, Leipzig.

FSC
www.fsc.org
MIX
Papier | Fördert
gute Waldnutzung
FSC® C083411

Kolibri 360 GmbH
Ferdinand-Jühlke-Straße 7
99095 Erfurt, Deutschland
produktsicherheit@kolibri360.de